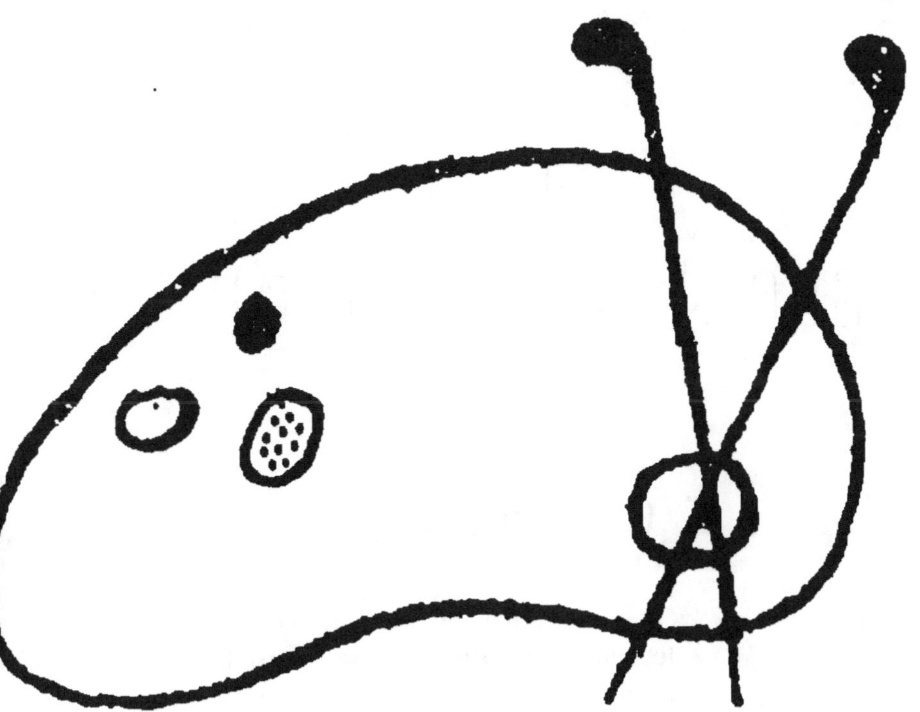

Début d'une série de documents
en couleur

LÉON FERET

LE

CERCLE CATHOLIQUE

ET

LE CABARET

> « — C'est toujours la même chose :
> « toujours cette lutte à outrance, entre le
> « bien et le mal, qui a commencé avec le
> « monde et ne finira qu'avec lui »
>
> L'Auteur.

PARIS

RENÉ HATON, LIBRAIRE-ÉDITEUR

33, rue Bonaparte, 33

1879

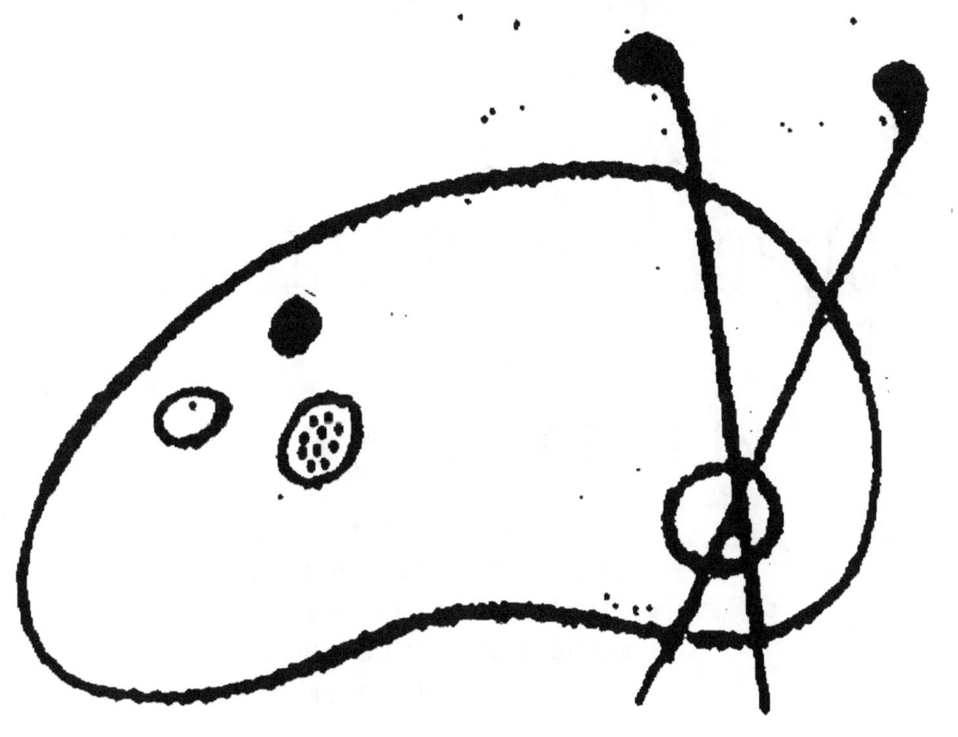

Fin d'une série de documents
en couleur

LÉON FERET

LE
CERCLE CATHOLIQUE

ET

LE CABARET

> « — C'est toujours la même chose :
> « toujours cette lutte à outrance, entre le
> « bien et le mal, qui a commencé avec le
> « monde et ne finira qu'avec lui. »
>
> L'Auteur.

Il existe en France une excellente œuvre de civilisation et de moralisation.

C'est l'*Œuvre des Cercles catholiques*. Elle a pour base le dévouement de la classe dirigeante à la classe ouvrière.

Elle a pour but d'encourager l'ouvrier dans l'accomplissement de ses devoirs religieux et sociaux.

Cette œuvre est vivement attaquée de nos jours.

Pourquoi ?

Parce qu'elle enseigne l'amour de Dieu, le respect de la loi et de la famille.

Or, comme il existe des hommes qui rêvent un état social sans Dieu, sans morale, sans lois, ces hommes combattent pour se débarrasser d'un ennemi (le *Cercle catholique*) qui les gêne considérablement, dans la réalisation de leurs projets.

C'est toujours la même chose : toujours cette lutte à outrance, entre le bien et le mal, qui a commencé avec le monde et ne finira qu'avec lui.

Je n'ai donc pas la prétention de traiter un sujet nouveau ; je veux seulement exposer aux yeux du lecteur l'état de la lutte, en ce moment très-acharnée, et les moyens employés de part et d'autre ; je veux parler de l'*Œuvre des Cercles catholiques*, œuvre de défense, importante, capitale, contre laquelle l'ennemi dirige ses efforts les plus violents, ses coups les plus terribles ; je veux faire connaître ce rempart social élevé par la foi et par la fraternité chrétiennes ; je veux signaler le dévouement et l'héroïsme des volontaires qui le défendent, tous vaillants soldats recrutés dans toutes les classes de la société.

J'ai eu recours à la forme du dialogue. J'ai pensé que la vérité présentée de cette façon serait plus saisissante, le lecteur jugera si j'ai bien fait.

Le Bisson (Eure). 1879.

I

Chopinard retrouve ses anciens amis, il déclare qu'il n'aime pas la prêtraille. — M. Vandrille — Mathieu raconte à Chopinard ce qui se passe au *Cercle catholique*. — Le journaliste Martob. — Fleur-d'Artickaut. — Le *Redresseur*, journal libre-penseur et athée. — Enfoncé, le *Cercle catholique !*

CHOPINARD (entrant brusquement chez Mathieu où se trouvent André et Félix.)

— Bonjour la compagnie !

Enfin, je vous tiens, tas de Bélîtres ! Voilà huit jours que je vais, tous les soirs, vous attendre au *Crapaud-Rouge* et je ne vois personne. Entendons-nous : je vois bien toujours *Laloupe, Cocoméro, Laritou, Camouflard, Laflibuste* et *Tapefort ;* ils sont fidèles, ceux-là ; mais, vous autres, bernique ! pas plus que dans ma main. Il paraît que Messieurs Mathieu, André et Félix ont déserté notre société pour le *Cercle catholique.* Quand on va à la messe, il faut bien fréquenter le *Cercle catholique*, c'est complet ! Grand bien vous fasse et bonne chance, mes petits aristos ! Quant à moi, je ne suis pas de ceux qui se laissent pincer dans une pareille boîte, et si jamais vous voulez boire le chnic de l'amitié avec Chopinard, c'est au *Crapaud-Rouge* que vous le trouverez.

Pas changeant ! l'ami Chopinard ; aussi quand vous le verrez se frotter à la soutane, celui-là, il pleuvra des pommes de terre frites et du boudin rôti.

Mathieu. — Te voici donc revenu au pays, Chopinard? On nous avait dit que tu paraissais avoir perdu le reste de ton bon sens, on ne s'était pas trompé ; tu dois être bien satisfait, n'est-ce pas, d'en être arrivé là?

Tu nous attends, dis-tu, depuis huit jours au *Crapaud-Rouge?* tu aurais pu nous y attendre encore longtemps, car nous n'y sommes jamais entrés et nous ne sommes pas encore disposés à y prendre le chnic de l'amitié, comme tu dis.

Chopinard. — Ne fais donc pas ta Sophie ! je t'y ai vu, moi, avec un tas de marguillers comme vous autres.

Mathieu. — Au *Crapaud-Rouge?* jamais ! Il y a dix ans, quand cet établissement s'appelait modestement : le *Café de la Paix*, tenu par le père Mathurin, nous y venions quelquefois, le soir, lire le journal et causer des affaires du temps ; mais, depuis que Mathurin s'est retiré et, qu'à la place de l'humble *Café de la Paix*, on a installé la brasserie tapageuse du *Crapaud-Rouge*, la clientèle a changé et nous n'y avons plus reparu.

Ah ça, Chopinard, tu me parais de plus en plus disposé à manger du catholique. Va, ne te gêne pas, quand les catholiques n'auront après eux que des aboyeurs comme toi, ils ne seront pas bien embarrassés.

Félix. — Puis, tu sais, Chopinard, en cas de

besoin, ils peuvent se défendre et ils ne reculent pas, ceux-là.

CHOPINARD. — Pas si vite, pas si vite, mes petits bedeaux, il n'est pas question de se battre ; d'abord, je n'attaque personne ; je déclare simplement que je n'aime pas la prêtraille, encore moins la messe et le *Cercle catholique*, et que tout ça ce sont des bêtises à l'usage des niais.

MATHIEU. — Réfléchis donc un peu, Chopinard, si tu en es encore capable. Est-ce que ton ancien patron, M. Vandrille, qui vient d'être nommé officier de la Légion d'honneur et qui a obtenu, pour ses beaux produits, la grande médaille d'or à l'exposition, est un niais ?

CHOPINARD. — Pour celui-là, il a de l'esprit à lui tout seul plus que tout le département, mais quel jésuite !

MATHIEU. — Comment se fait-il, s'il a tant d'esprit, qu'il aille à la messe et qu'il vienne à notre *Cercle*, puisque tout cela ce sont des bêtises à l'usage des niais ?

CHOPINARD. — Encore une fois, je te dis, Mathieu, que M. Vandrille a trop d'esprit pour croire à toutes vos balivernes, et s'il agit ainsi, c'est, primo : pour se faire bien voir de sa tante, une vieille bondieusarde s'il en fût, qui lui a promis son million de fortune, s'il allait à la messe et s'il donnait de bons diners aux curés ; secundo: pour faire plaisir aussi au député henriquinquiste qui l'a fait décorer.

MATHIEU. — En vérité, tu parais bien renseigné, et qui t'a fait ces confidences ?

CHOPINARD. — Allons, vous me prenez donc aussi pour un imbécile, vous autres ? Est-ce que j'ai besoin qu'on me fasse des confidences, à moi? Est-ce que ça ne se voit pas bien tout de suite, quand on a un peu de coup d'œil ? On vous ferait croire, à vous, que des vessies sont des lanternes ; mais Chopinard, qui ne fait pas partie du *Cercle catholique*, n'est pas si crédule.

ANDRÉ. — Par la permission de Mathieu, je te ferai une question, Chopinard : tu penses donc que M. Vandrille agit contre ses convictions, alors ce serait un hypocrite.

CHOPINARD. — Certainement, certainement, c'est le plus fameux des hypocrites, c'est le roi des tartufes ! Sa conduite n'est qu'une véritable comédie.

ANDRÉ. — Eh bien, Chopinard, toi, tu ne vas pas à la messe, tu ne fréquentes pas le *Cercle catho-lique*, mais tu es un habitué du *Crapaud-Rouge*, où tu déclames contre le clergé et contre la reli-gion. On m'a assuré que cette manière de faire est contraire à tes idées. Tu agis de la sorte pour attirer l'attention de quelques journalistes libres-penseurs qui fréquentent cet établissement, et cela, dans le but d'obtenir une place dans leurs bureaux. Il paraît que tous tes actes, que tous les propos révoltants que tu tiens au *Crapaud-Rouge*, tout cela n'a qu'un but : c'est de paraître ce que tu n'es pas, parce que tu penses, qu'aujourd'hui, sous la République athée, qui s'étend sur la France, comme une pieuvre sur une personne qui se noye, tu pourras t'assurer, en prenant une pareille attitude, une vie plus facile. Tu joues donc aussi une comédie ? tu es donc aussi un hypocrite, un tartufe ?

Chopinard. — Mille millions de tonnerres ! Vous n'êtes que des brutes, des imposteurs, des calomniateurs.

Mathieu. — Allons, Chopinard, calme-toi et réponds à André. Tu n'as pas besoin de jurer pour affirmer la vérité ; d'ailleurs, jurer n'est pas raisonner, et ce n'est que quand on n'a pas de bonnes raisons à donner, qu'on a recours à ce moyen fort en vogue au *Crapaud-Rouge*.

Chopinard. — Je dis, nom de nom ! que tout cela n'est pas vrai. Je ne joue point la comédie, j'agis comme je le fais, parceque ça me convient ; au surplus, que ce soit dans mes idées ou non, ça ne regarde personne.

André. — Ça ne te regarde pas non plus, ce que fait M. Vandrille et, si tu agis d'après tes goûts, tes convictions, pourquoi prétends-tu qu'il n'en est pas ainsi de lui ? pourquoi ne veux tu pas admettre qu'il agit, lui aussi, d'après ses convictions ? pourquoi serait-il plus fourbe, plus hypocrite que toi, quand rien ne le prouve ? Si tu savais bien ce que c'est que la bonne, la vraie fraternité, tu ne jugerais pas plus défavorablement les autres que toi-même. Tu ne te permettrais pas de scruter leurs intentions, plus que tu ne veux qu'on scrute les tiennes ; en un mot, tu serais plus tolérant, plus juste à l'égard des autres.

CHOPINARD. — Tout ça, vois-tu, André, ça sent trop le sermon. Si c'est là ce qu'on vous apprend dans votre bahut de cercle, c'est du propre, et on vous fourre de singulières idées dans la boussole.

Ah ça, mes bons petits jésuites, pendant que nous y sommes, si vous avez quelques instants à perdre, je vais allumer ma pipe et vous allez me conter un peu vos farces. J'en connais passablement, j'en ai fait beaucoup, mais, foi de Chopinard, je crois que vous pourrez m'en apprendre encore. Allons, Mathieu, l'évangéliste, le plus vieux dans le métier clérical, tu as la parole.

MATHIEU. — Soit, je vais te raconter ce que tu appelles nos farces et tu verras si elles approchent de vos orgies.

CHOPINARD. — Va, va, je t'écoute ; surtout, pas de blagues !

MATHIEU. — Tous les membres du *Cercle catholique* ont à leur disposition, des livres et des publications (pas de journaux politiques). En fait de jeu, ils ont : le billard, les cartes, les dominos, les dames, les échecs, le loto, etc. ; un gymnase et un tir à la carabine, enfin, ils trouvent au Cercle du café et des rafraîchissements, ils peuvent fumer.

Chopinard. — Mais c'est un véritable cabaret comme le *Crapaud-Rouge* !

Mathieu. — Pas du tout, pas du tout, il y a une grande différence.

Le *Crapaud-Rouge,* comme tous les autres cabarets, est un lieu public, y va qui veut. On peut y coudoyer des voleurs, des assassins, des banqueroutiers, des femmes de mauvaise vie, etc. On y entend et on y lit des obscénités, des propos révoltants contre la religion et la morale ; en un mot, le goût et les mœurs s'y dépravent.

Pour être admis au *Cercle catholique,* il faut être de bonnes mœurs. Une fois admis, il faut avoir une conduite irréprochable. Quant aux lectures qu'on y fait et aux discours qu'on y entend, ils ne peuvent que fortifier et exalter les bons sentiments de la nature humaine. Sur ce terrain, l'ouvrier et le patron se rencontrent et se rapprochent, par suite, ils apprennent à se connaître et à s'apprécier plus facilement qu'à l'atelier, et chacun se civilise et se moralise au contact de ses semblables. D'où on peut conclure que le *Cercle catholique* est un véritable foyer d'éducation morale et religieuse.

Chopinard. — Allons donc ! A t'entendre, vous seriez une réunion de saints occupés à chanter les louanges du Seigneur. Et les fêtes que vous donnez à votre Cercle ? Et les promenades que vous faites au bord de la mer ou ailleurs ? Est-ce que, dans ces circonstances, on ne fait que prier et boire de l'eau ? Est-ce qu'on ne rentre pas quelquefois au logis avec son plumet ? Il n'y a pas encore longtemps, n'est-ce pas arrivé à trois ou quatre des vôtres ? Au retour d'une promenade, ne sont-ils pas allés faire une noce à glisser sous la table, dans certaine maison ? Va, tu peux tout dire, Mathieu, je ne suis pas une rosière.

Mathieu. — Je ne t'ai nullement dit que nous soyions des saints, ne faisant que prier et boire de l'eau ; nous ne sommes pas si parfaits. Quant aux fêtes, nous en avons et qui sont fort gaies. Nous y invitons les femmes et les enfants de nos sociétaires, et je t'assure que personne n'y manque. Nous représentons entre nous de petites pièces, nous organisons des concerts, des soirées divertissantes ; enfin, nous faisons ce que nous pouvons pour nous amuser en famille, et je peux t'affirmer que nous y parvenons parfaitement. Où est le mal ? Et les promenades dans la belle saison, nous en faisons aussi quand nous le pouvons. Nous avons créé un Orphéon et nous allons chanter une messe ou un salut, tantôt dans un village, tantôt dans un autre.

Nous sommes, répétez-vous, tous les jours, sur tous les tons, dans l'ère de la liberté ; eh bien ! nous profitons de cette liberté pour passer nos loisirs comme nous l'entendons, sans nuire à personne et en respectant la liberté des autres, que trouves-tu à redire à cette conduite ?

En ce qui concerne la sobriété et la tempérance, elles sont constamment respectées dans nos réunions, qui sont loin de ressembler à celles du *Crapaud-Rouge*. Au reste, si tu connais quelques faits qui prouvent le contraire, tu dois nous en faire part. Il ne s'agit pas de bavarder, de clabauder comme vous le faites, il faut préciser. Eh bien, je te mets au défi, Chopinard, et toute la radicaille du *Crapaud-Rouge*, de citer une circonstance où un seul de nos membres soit rentré d'une promenade, comme tu le dis, avec son plumet, et soit allé ensuite dans une mauvaise maison.

CHOPINARD. — Je n'ai pas vu moi-même, mais c'est tout comme. J'ai entendu le journaliste Martob (1), qui racontait, l'autre soir, la chose à ses amis : il disait que c'était arrivé à la suite d'une promenade que M. le comte de P*** vous avait offerte à sa maison de campagne ; il a ajouté même que le jeune abbé qui fait partie aussi de votre Cercle était du nombre de ceux qui avaient

---

(1). Martob, ex-voyageur de commerce pour une manufacture d'appareils orthopédiques, est devenu, en l'an 1872 de la nouvelle République, fondateur et rédacteur en chef du *Redresseur*, journal libre-penseur et athée. Ce Martob, qui a entrepris de redresser l'humanité à sa manière, au physique et au moral, est le chef d'une bande de déclassés qui tient ses séances au *Crapaud-Rouge*, la pipe aux dents et le verre en main.

festoyé dans la maison en question, une grande partie de la nuit.

Mathieu. — Ton affreux Martob a-t-il dit avoir vu lui-même ?

Chopinard. — Non, il le tient d'un de ses amis auquel on l'avait raconté. — « Après tout, « disait Martob, je n'ai pas prêté une grande « attention à ce que m'a baragouiné mon ami « *Fleur-d'artichaut*, car il était rudement émé- « ché ; je ne serais pas surpris même quand ça « serait une nouvelle qui viendrait d'éclore dans « sa cervelle. Mais bah ! c'est vrai tout de même, « il ne faut pas d'ailleurs y regarder de si près, « je leur arrangerai, pour dimanche, cette tartine « qu'ils ne trouveront pas assurément de leur goût. « Ça fera rire jaune la *Semaine religieuse* et la clé- « ricaille fera un nez. Si ce n'est pas vrai, ça « sera au moins rigolo et nous ferons une fameuse « vente du journal. Attrape ! » Et Martob riait de bon cœur en se frottant les mains.

Mathieu. — Voilà comment écrivent vos jour- nalistes ! Voilà comment ils savent respecter la vérité ! Ils apprennent que les membres du *Cercle catholique* ont fait une promenade à la campagne et, de suite, ils inventent une histoire des plus scandaleuses. Si ce n'est pas vrai, dit le cynique Martob, c'est rigolo.

Mais c'est diabolique ! et l'infâme Martob, ainsi que tous ceux qui font le journalisme comme lui, et ils sont nombreux aujourd'hui, sont des êtres vomis par l'Enfer.

Et toi, Chopinard, tu répètes cela et tu le crois presque, parce que ton souverain maître, Martob, devant lequel tu te prosternes aveuglement, te l'a dit. Voilà jusqu'où va ton servilisme honteux ! Vous êtes tous les mêmes : Vous avez, sans cesse, le mot d'indépendance à la bouche, et vous êtes plus rampants que le dernier des esclaves !

Chopinard. — Bravo ! tu as la blague éloquente aujourd'hui, et tu te sers de grands mots, trop grands pour ma petite intelligence ; c'est égal, il paraît tout de même que ton ancien ami, Chopinard, t'a mis furieusement la puce à l'oreille, hein ?

Mathieu. — Tiens, Chopinard, en voilà assez pour aujourd'hui : ta bêtise, ou plutôt ta mauvaise foi m'exaspère.

Chopinard. — Je trouve que tu peux, en effet, en rester là, tu as assez abîmé ton ancien camarade ; mais, tu sais, ma vieille branche, je suis sans rancune avec toi ; car, au fond, quoique je n'aime pas du tout le genre chérubin-bouffi que tu as adopté, pas plus que les pratiques cocasses auxquelles vous vous livrez, messieurs de l'église et du *Cercle catholique*, sous le nom de petites fêtes de famille, petites soirées intimes, petits concerts spirituels, etc., etc.; enfin, toutes petites choses ; eh bien, je dis que quoique tu te livres à toutes ces bêtises fanatiques, j'ai toujours conservé pour toi, mon vieux Mathieu, une rude poignée d'amitié.

Si je voulais, j'aurais encore beaucoup d'objections à te faire, relativement à ton Cercle, et qui t'embarrasseraient fort, mais tu as habilement pris les devants, en me disant que c'en était assez.

MATHIEU. — Tu ne m'as pas compris, car je suis toujours à ta disposition et, dès demain, si tu veux venir prendre une tasse de café, ici, avec André et Félix, je m'empresserai de répondre à toutes tes objections de la façon la plus victorieuse, je l'espère bien.

CHOPINARD. — Accepté ! convenu ! Mais, par Voltaire ! il est enfoncé votre *Cercle catholique*, avec toute la cléricaillerie !

II

Les Frères des écoles chrétiennes. — Le doigt dessus. — La mère Marthe. — A bas les frères ! A bas les prêtres et tout le tremblement ! — Procédés de la presse radicale. — Le plus grand menteur des temps modernes. — Devoirs des patrons, devoirs des ouvriers. — Devise égoïste.

Le lendemain Chopinard revint à l'heure dite.

— Bonjour mes petits séraphins, dit-il, en arrivant, à ses amis qui étaient déjà réunis.

— Bonjour maître Satan, répondirent en chœur Mathieu, André et Félix.

Chopinard. — J'espère que vous me féliciterez de mon exactitude à venir entendre vos balançoires. Mais, avant tout, j'ai à vous annoncer une nouvelle qui va vous faire faire une rude grimace, à vous tous, mes petits messieurs du *Cercle catholique*, allons, du courage ! préparez vous à l'entendre.

A l'heure qu'il est, le citoyen Martob tient séance au *Crapaud-Rouge*, et tous les pères de famille bien pensants viennent signer une pétition pour le renvoi des Frères. Oui, on va les balayer tous, vos Congréganistes, jusqu'au dernier, et je me charge, moi, Joseph-Nicolas Chopinard, d'aller faire signer, à domicile, demain, les paresseux ou les poltrons qui ne se seront pas présentés aujourd'hui. Après, nous chasserons les prêtres, ça ne fera pas un pli. Enfin, nous mettrons le feu à votre boutique catholique, et alors, mes petits anges, vous n'aurez plus qu'à vous envoler en Paradis, nous vous y aiderons, s'il le faut.

Hein ? en voilà une idée chouette, qui fait le plus grand honneur au génie de Martob. C'est un crâne, celui-là, soyez tranquilles, il vous mènera par de petits chemins qui ne vous paraîtront pas bien faciles, mais tant pis pour vous ! Vous l'aurez voulu ainsi.

Félix. — Ton infernal Martob commence à m'agacer singulièrement les nerfs, et si j'ai jamais une discussion avec lui, j'aurai bien de la peine à m'empêcher de lui casser quelque chose.

MATHIEU. — Ces sortes de reptiles ne valent pas la peine qu'on les écrase ; d'ailleurs, ils ont soin de se cacher ; mais ils finissent toujours par périr dans la fange qu'ils ont amassée autour d'eux.

Je reviens, Chopinard, à ce que tu as dit tout à l'heure. Ils veulent, dis-tu, chasser les Frères, ensuite les prêtres, c'est de la démence furieuse ! et toi, Chopinard, tu es de cet avis ? Mais nos enfants,qui les instruira ?

CHOPINARD. — C'est bien simple : les institu-teurs laïques qui remplaceront les Frères.

MATHIEU. — Mais, si nous préférons les envoyer chez les Frères, nous ne le pourrons plus. C'est donc ainsi que vous respectez la liberté des pères de famille? Qu'en dis-tu, Chopinard, toi qui as fait instruire ton fils chez les Frères? Tu n'en veux plus maintenant, parce que tu n'en as plus besoin.

Je m'adresse à tes sentiments d'honnête homme, car, malgré tes erreurs, il t'en reste encore quel-ques-uns, j'espère. Dis-moi, si tu avais, à l'heure qu'il est, un enfant à faire instruire, l'enverrais-tu à l'école congréganiste ou à l'école laïque?

CHOPINARD. — Ça, je ne dis pas, parce que j'ai été content des Frères, en ce qui concerne mon fils, c'est une affaire toute particulière ; mais ne perds pas de vue qu'il faut façonner les citoyens, selon le temps où l'on vit et, vois-tu, Mathieu, l'intérêt général exige l'expulsion des Frères, parce qu'ils ne sont pas à la hauteur et n'enseignent pas à la jeunesse ce qu'elle doit savoir aujourd'hui.

MATHIEU. — Quand nous étions enfants, on nous enseignait, à l'école primaire, à lire, à écrire, à calculer ; on ajoutait à cela quelques notions de grammaire, d'histoire et de géographie. Le temps a marché, et on a étendu le cercle de l'enseignement primaire ; est-ce que tu ne le trouves pas suffisamment à la hauteur, tel qu'il se pratique ?

CHOPINARD. — Pour l'instruction, ça me paraît suffisant, mais il y a autre chose.

MATHIEU. — S'agit-il de la manière dont les Frères pratiquent cet enseignement ? Je ne crois pas qu'on puisse leur faire le moindre reproche à ce sujet, car le résultat des examens que subissent leurs élèves atteste hautement qu'ils donnent parfaitement l'enseignement dont ils sont chargés.

CHOPINARD. — Je crois qu'ils enseignent bien ; d'ailleurs mon fils qui s'y connaît me l'a toujours dit ; mais il ne s'agit pas de cela.

MATHIEU. — Donc, au point de vue de l'enseignement, tu reconnais qu'il n'y a pas de reproche à adresser aux Frères, c'est déjà quelque chose. Probablement la faute énorme, impardonnable dont ils sont coupables, aux yeux de Martob et de son parti, c'est d'enseigner aux enfants qu'il y a un Dieu et qu'il existe des devoirs à remplir envers ce Dieu.

CHOPINARD. — Tu as mis le doigt dessus ;

2

Martob le répète tous les jours, et il a raison : ce n'est pas leur affaire, à eux, de parler de Dieu et de la religion aux enfants; le curé leur en parle à l'église, quand il s'agit de leur première commu- nion, cela suffit.

MATHIEU. -- Non, cela ne suffit pas. C'est au foyer paternel et à l'école qu'il faut commencer à parler aux enfants du Bon Dieu, c'est là qu'il faut leur dire, pour la première fois, qu'ils ont des devoirs à remplir envers LUI, envers leurs parents, envers leurs semblables, envers leur pays et envers eux-mêmes. On ne saurait les accoutumer de trop bonne heure à ces idées, si on veut en faire des citoyens honnêtes et utiles à leur famille et à leur patrie. Mais, toi, mon pauvre Chopinard, toi qui as eu la meilleure et la plus vertueuse des mères, ne te souvient il pas, quand elle te tenait sur ses genoux, de lui avoir entendu te parler de Dieu? Ne te souvient-il pas que, prenant tes pe- tites mains dans les siennes, elle les joignait en- semble et te faisait balbutier une prière à ce Dieu, qu'elle t'apprenait à connaître?

C'est ainsi que, grâce à l'éducation chrétienne que ta mère t'a donnée tout enfant, tu as été un bon fils et un honnête homme jusqu'à 25 ans, de- puis, qu'es-tu devenu?

CHOPINARD (ses yeux se mouillent de larmes). — Il n'est pas question de la mère Marthe ici ; n'en parlons pas ; maintenant je te réponds : je suis devenu ce que deviennent beaucoup de jeunes gens, voilà tout. Je n'en vaux pas moins pour cela, car, vois-tu, quoique nous ne marchions pas aujourd'hui dans le même chemin, je traverserais le feu pour vous rendre encore service, à vous autres du *Cercle catholique.*

MATHIEU. — Nous aussi, nous t'aimons encore, et, tout en te plaignant, nous sommes heureux de constater que tous les bons sentiments ne sont pas encore éteints chez toi, et que.....

CHOPINARD (interrompant brusquement). — Tout ça c'est bien ; mais assez causé là-dessus. Vous avez beau me débiter toutes vos rangaines, je suis Voltairien et j'y reste, et je dis hautement : A bas les Frères ! A bas les prêtres et tout le tremblement ! Vivent les athées et les libres penseurs ! Vive la République qui les protége ; c'est la bonne, celle-là ! entendez-vous bien, mes petits Escobards ; je vous dis à tous, zut ! et je me distille avec bonheur, pour aller serrer la main de mon ami Martob et de la joyeuse société du *Crapaud-Rouge.* Pas embêtants, pas assommants comme vous, ceux-là !

Mais encore un mot, avant de vous quitter ; avez-vous vu, mes petits agneaux, le dernier numéro du *Redresseur ?* C'est lui qui vous passe à la lessive comme il faut, et qui arrange votre Cercle ; il dit que vous n'êtes que de vils mendiants qui passez vos soirées à boire et à jouer aux dépens de vos membres honoraires ; il appelle votre Cercle, le tripot des démodés et le club des ganaches réactionnaires.

Félix. — Je me demande si nous nous laisserons encore longtemps insulter par ce va-nu-pieds de Martob? Pour mon compte, je n'y suis pas disposé. Sans doute, ce qu'il dit ne peut nous déconsidérer dans l'esprit des personnes qui nous connaissent ; mais il se trouve des gens qui ne sont pas au courant des procédés de la presse radicale et qui, ne pouvant admettre qu'on puisse imprimer le mensonge avec autant d'effronterie et de cynisme, sont assez disposés à croire ce qu'ils lisent dans leur journal. S'ils n'y ajoutent pas une foi entière tout d'abord, ils finissent, en voyant les mêmes mensonges réédités tous les jours, par être profondément ébranlés dans leurs opinions et dans leurs croyances ; aussi, le plus grand menteur des temps modernes a-t-il dit : « Mentons, « mentons, il en restera toujours quelque « chose ; » Martob et ses pareils suivent ce principe à la lettre.

Mathieu. — Nous sommes accoutumés aux attaques grossières de Martob, nous y sommes complètement indifférents, et nous avons pris le parti de les mépriser comme lui. Tous les braillards du *Crapaud-Rouge* peuvent joindre leurs rugissements de bêtes fauves à ceux de Martob, ils ne nous feront pas peur et ne nous empêcheront pas de poursuivre notre mission.

Chopinard. — Elle est, ma foi, chouette ! votre mission qui consiste à fourrer dans la tête de la jeunesse ouvrière, des idées cléricales et anti-sociales. Vos conférences, vos récréations intellectuelles, comme vous dites, n'ont pas d'autre but que d'attaquer le Gouvernement de la République et de détourner les niais qui vous écoutent, de leurs devoirs de bon citoyen. Martob a raison : votre Cercle n'est qu'un club où l'on fait de la politique réactionnaire ; puis, il a encore raison, quand il dit que vous n'êtes que des mendiants qui vous amusez aux dépens de vos membres honoraires.

ANDRÉ. — L'argent que nous dépensons est le nôtre, son origine est honnête : il ne nous vient point de l'aumône, mais du travail et de l'épargne ; tandis que celui que vous engloutissez dans les orgies du *Crapaud Rouge,* d'où vient-il ? Il est la rémunération des services que vous rendez au parti du désordre et de l'anarchie. Vous ne l'avez peut-être pas mendié, cet argent, mais vous l'avez obtenu pour prix de dénonciations, de calomnies et de propagande anti-religieuse et anti-sociale, est-ce là une origine bien honorable, je te le demande, Chopinard ? Et vraiment, il faut que toutes les notions soient étrangement confondues dans votre esprit, pour oser nous appeler vils mendiants, vous qui ne vivez que de l'aumône du crime et du vice.

MATHIEU. — André a parfaitement raison : les ressources qui alimentent le *Cercle catholique* et le *Crapaud-Rouge* sont loin d'avoir la même origine, et si, en ce moment, tu ne mens pas effrontément à ta conscience, tu as des idées bien fausses sur notre organisation, sur nos habitudes.

D'abord, il est archi-faux que nous parlions politique. Notre règlement le défend sévèrement et personne ne songe à l'enfreindre, en ce moment surtout, où la politique est si écœurante.

Quant à nos conférenciers, ils font devant nous, selon leurs goûts et leurs aptitudes, des descriptions de contrées et de mœurs étrangères, nous racontent la vie des hommes qui ont illustré leur pays, nous parlent des lois morales qui régissent la famille ; d'autres fois, ils traitent une question de physique ou d'histoire naturelle, ou encore, d'économie sociale. Il y a trois semaines, nous avons eu une conférence sur quelques applications curieuses du téléphone et du phonographe ; enfin, il y a quelques jours, le conférencier nous parlait des devoirs réciproques des patrons et des ouvriers. Voilà, Chopinard, la politique que nous faisons.

CHOPINARD. — Je voudrais bien savoir ce qu'il a dit au sujet des patrons et des ouvriers, votre conférencier ; probablement, un tas de niaiseries et de rangaines jésuitiques.

MATHIEU. — Je peux te satisfaire immédiatement, car sa conférence est imprimée et j'en ai ici un exemplaire. Je vais te donner lecture de la partie la plus importante. Tu ne pourras t'empêcher de reconnaître toute la vérité et la justesse des observations qui y sont consignées.

CHOPINARD. — C'est ce que nous allons voir, je t'écoute.

MATHIEU (lisant). — « Le patron et l'ouvrier ont des obligations réciproques qui naissent du contrat existant entr'eux.

« Oui, un contrat ; il n'est pas écrit, c'est vrai, mais c'est un contrat d'honneur qui doit être tout aussi scrupuleusement respecté que s'il était écrit.

« Que dit ce contrat ?

« Il dit que le patron doit faciliter, autant que possible, à l'ouvrier, l'accomplissement de sa tâche ;

« Il doit le protéger et avoir soin de lui ;

« Il lui doit le bon exemple ;

« Il doit le commander avec douceur ;

« Il doit lui payer le salaire convenu.

« L'ouvrier, de son côté, doit respecter son patron ;

« Il doit employer à l'exécution du travail qu'il s'est engagé à faire, toute sa bonne volonté, toutes ses forces et toute son intelligence ; en un mot, travailler pour son patron comme s'il travaillait pour lui-même.

« Telles sont les conditions générales et fondamentales de tout contrat entre patrons et ouvriers.

« Elles reposent sur les bases de la raison et de l'équité la plus vulgaire ; elles ont le mérite d'être claires et précises.

« Lorsque ces conditions ont été librement acceptées de part et d'autre, le contrat existe réellement et c'est alors que chacun doit s'efforcer de l'exécuter loyalement.

« En est-il toujours ainsi?

« Non.

« Un exemple vous convaincra. Choisissons cet exemple dans l'agriculture, il pourra s'appli-quer à toute autre industrie.

« Transportons-nous en Normandie ; supposons un contrat intervenu entre un chef d'exploitation agricole et des ouvriers. Toutes les conditions sont bien arrêtées, tout a été bien précisé, verba-lement, il est vrai, mais cela suffit ; nous savons que le contrat existe tout aussi bien que s'il était écrit.

« Ainsi : les travaux doivent commencer à 6 heures du matin et finir à 7 heures du soir ; il y aura trois repas par jour et une heure sera con-sacrée à chaque repas ; le prix de la journée de travail est fixé à 1 fr. 75 ; la nourriture est fournie par le patron.

« Dix ouvriers se sont engagés à travailler à ces conditions pendant 6 mois, soit 154 jours de travail, car on se repose les dimanches et les jours de fêtes.

« A la campagne, on est généralement peu exact, aussi nos ouvriers ne se mettent au travail, chaque jour, qu'à 6 heures 10 minutes, quelque-fois 6 heures 1/4. Après chaque repas, il se lèvent de table 10 ou 15 minutes . après l'heure écoulée.

« Je ne parle pas des conversations qui s'engagent souvent sur le travail et pendant lesquelles on se croise les bras et on fume sa pipe ; je ne parle pas de la tasse de café ou de la chope de bière qu'on va prendre au cabaret voisin ; je ne parle pas de la lecture du journal, de tous ces riens qui dérangent l'ouvrier de son travail.

« Il en résulte que chaque ouvrier perd largement trois quarts d'heure par jour et même plus, soit, pour nos dix ouvriers : 7 heures 1/2, ce qui équivaut à 1 fr. 35 c. de perte pour le patron, chaque jour.

« Un franc trente-cinq centimes par jour, ça n'a pas l'air de faire une bien grande [perte au premier abord ; mais, au bout de six mois, ou 154 jours de travail, on trouve que la perte s'élève à *deux-cent-sept francs quatre-vingt-dix centimes* ! Voilà un préjudice sérieux pour le patron et dont personne ne se doute. Or, chaque ouvrier a contribué pour plus de 20 fr. à ce préjudice ; c'est donc 20 fr. qu'il empoche sans y avoir droit ; et il mangera pour pareille somme de pain qu'il n'aura pas gagné. Ce pain, mes amis, manque de saveur, il est amer et doit faire mal à celui qui s'en nourrit.

« Je ne veux pas qualifier trop sévèrement cet acte, mais enfin, l'ouvrier est en défaut ; il n'a pas exécuté les conditions du contrat ; par suite, il a causé au patron un préjudice qui doit être réparé.

« Voilà, mes braves amis, ce qui se passe quotidiennement et vous ne paraissez pas vous en douter. Je veux bien le reconnaître, en se conduisant ainsi, l'ouvrier a agi d'une façon inconsciente, sans aucune intention de léser les intérêts du patron, il est coupable surtout d'incurie ; mais enfin, qu'on appelle la chose comme on voudra, le patron a éprouvé un dommage et l'ouvrier a profité d'une somme d'argent qui ne lui appartient pas. Ce fait ne constitue pas une exception, il se reproduit tous les jours, et, tous les jours, le patron est en perte. Si nous n'appelons pas cela un vol, de la part de l'ouvrier, nous l'appellerons une anomalie fâcheuse, une irrégularité regrettable, un désordre qui ne peut se perpétuer dans une société honnête. Dans tous les cas, c'est un acte blâmable.

De leur côté, les patrons remplissent-ils bien les obligations auxquelles ils sont astreints ? vous donnent-ils une nourriture saine ? vous traitent-ils avec douceur et bonté ? facilitent-ils votre labeur, autant que possible ? vous donnent-ils le bon exemple ? vous regardent-ils en un mot, non pas comme des mercenaires, mais comme les auxiliaires de leurs travaux, les associés de leurs entreprises ? S'il en est ainsi, ils font leur devoir ; mais s'il en est autrement, gardez-vous bien de manquer à vos engagements, en vous fondant sur le motif que votre patron ne tient pas les siens, vous commettriez une faute égale à la sienne, laissez-le plutôt en commettre une tout seul.

« Que faire donc, si le patron manque aux conditions du contrat ? Vous devez les lui rappeler en termes convenables et non pas par des protestations violentes, telles que les coalitions, les grèves, etc.

« Si, après avoir présenté vos justes réclamations à votre patron, il n'en tient pas compte, résiliez le contrat et cherchez du travail ailleurs, vous n'en manquerez pas.

« Je termine en vous priant, mes amis, de ne jamais oublier, qu'en tout état de cause, vous devez toujours être rigoureusement les hommes du devoir.

« L'accomplissement du devoir, est notre titre de gloire, à nous, qui n'en avons pas d'autre, c'est l'illustration de notre nom. Le champ où nous cueillons nos lauriers, nous, ouvriers de l'agriculture et de l'industrie, c'est la ferme et l'usine. C'est en nous acquittant fidèlement de notre devoir, sur ce modeste théâtre, que nous arriverons à égaler, en honneur, des hommes beaucoup plus élevés que nous dans l'échelle sociale. C'est là, mes amis, la vraie, la noble égalité que nous devons tous ambitionner. »

Eh bien, Chopinard, tu vois qu'on ne donne pas au *Cercle catholique* de si mauvais conseils aux ouvriers, qu'en penses-tu ? ces principes valent-ils ceux de ton ami Martob ?

Chopinard. — Ma foi, je pense que votre conférencier a peut-être raison, sur certains points. J'avoue, qu'en effet, les petites flâneries de l'ouvrier peuvent quelquefois porter préjudice au patron ; mais, après tout, il ne faut pas y regarder de si près avec la plupart des patrons, qui ne se gênent guère pour l'ouvrier. Dans tous les cas, moi je ne connais que cette devise : chacun pour soi ; elle est pratique celle-là, et c'est la meilleure de toutes.

Mathieu. — Ah oui, la devise des égoïstes, des gens sans conscience. C'est ainsi que vous pratiquez la fraternité au *Crapaud-Rouge*.

Mais, toi, Chopinard, tu ne peux soutenir sérieusement cette thèse, toi, le fils de la bonne mère Marthe qui t'a élevé si honnêtement, tu ne peux dire que l'ouvrier peut, en conscience, recevoir de son patron de l'argent qu'il n'a pas gagné. Que penserais-tu, par exemple, d'un ouvrier que tu occuperais pendant un an et qui, par suite du temps perdu, te causerait seulement un préjudice de 20 centimes par jour, soit 61 fr. 60 centimes au bout de l'année ?

Chopinard. — Parbleu ! ça ne ferait pas mon affaire et, si je m'en apercevais, il faudrait que ça change, ou je flanquerais cet ouvrier à la porte.

André. — Bravo ! nous sommes d'accord ;

mais il y a encore un point, parmi beaucoup d'autres, sur lequel tu te trompes grossièrement, ou tu feins de te tromper, car au *Crapaud-Rouge*, la bonne foi n'est guère de mise.

Tu prétends que nous sommes de vils mendiants, nous amusant aux dépens des membres honoraires de notre Cercle ; j'ai déjà protesté contre ton assertion, mais Mathieu se chargera, à ta prochaine visite, de t'éclairer complètement à ce sujet.

III

Organisation du *Cercle catholique*, d'où viennent ses ressources. — D'où viennent celles du *Crapaud-Rouge*. — Le prêtre. — Ce qu'on enseigne au *Cercle catholique*. — Ce qu'on enseigne au *Crapaud-Rouge*. — Voltaire n'était pas athée. — L'idée de Dieu s'impose. — Où mène la passion du jeu — Il faut combattre, la presse impie.

MATHIEU. — Le *Cercle catholique* est une institution de civilisation et de moralisation. Il est créé dans le but de favoriser le développement du progrès moral, au sein de la classe ouvrière, comme les sociétés agricoles, littéraires, industrielles, scientifiques et artistiques existent pour le progrès de l'agriculture, des lettres, de l'industrie, des sciences et des arts.

Comme toutes ces sociétés, le *Cercle catholique*, qui n'est, lui-même, qu'une véritable société, a le droit d'admettre des membres honoraires.

Au *Cercle catholique*, nous donnons ce titre à des hommes qui ont rendu des services à notre œuvre et qui, en raison de leur âge ou de leurs occupations, ne peuvent prendre une part active à nos travaux. Ils lui prêtent alors le concours de leur influence, de leur patronage et de leur fortune. Ils désirent apporter à notre association leur contingent de dévouement pour faire le bien, faut-il les priver d'une satisfaction si noble et si légitime ?

Plus une œuvre rencontrera de volontés associées, unies, pour son progrès, plus elle sera forte et mieux elle atteindra son but. Pourquoi donc refuserait-elle l'aide et l'appui de toute une classe de citoyens ? Une pareille exclusion serait profondément injuste, profondément blessante et parfaitement contraire aux intérêts de l'œuvre. Serait-ce parce que cette classe de citoyens est riche ? Tant mieux ! car, comme l'intelligence et la volonté de tous se confondent dans les efforts tentés pour le progrès de l'œuvre, de même les cotisations se confondent dans la caisse. Chacun donne ce qu'il peut en zèle et en argent, et l'argent, dans ce cas, n'est autre chose que du zèle et du dévouement ; chacun rend service, selon ses possibilités, selon ses aptitudes. Les uns administrent, les autres font de la propagande en faveur de l'œuvre, d'autres enfin donnent de l'argent, rien là que de très-naturel, de très-logique ; c'est, du reste, ce qui doit se passer dans toute association, dans toute entreprise bien conduite, qu'elle ait pour but de gagner de l'argent ou de gagner des âmes à Dieu.

Ce que je viens de dire des membres honoraires s'applique également aux Dames patronnesses du *Cercle catholique,* qui versent, dans sa caisse, les offrandes qu'elles recueillent et leurs souscriptions personnelles. Faut-il les exclure, parce que, comme les membres honoraires, elles nous demandent à remplir un devoir ? Car, sache-le bien, Chopinard, l'intervention des personnes riches, dans l'œuvre des *Cercles catholiques,* n'est que l'accomplissement d'une obligation qui consiste, pour la classe dirigeante, d'après nos principes chrétiens, à se dévouer à la classe ouvrière. Est-ce ainsi que vous comprenez la fraternité au *Crapaud-Rouge ?*

Ils sont donc dans une erreur complète, ceux qui combattent l'intervention des membres honoraires et des Dames patronnesses dans l'œuvre des *Cercles catholiques,* ou plutôt ils me paraissent animés d'intentions malveillantes.

Il est de toute fausseté de dire que nos petites fêtes, nos promenades, etc., se payent avec l'argent des membres honoraires : tout se paye avec l'argent de tous. Aucun membre ne peut donc, quelles que soient la susceptibilité de son caractère et la délicatesse de ses sentiments, se trouver humilié de participer à tout ce qui se passe au *Cercle catholique*, car personne n'y vient recevoir une aumône, mais tout le monde y vient exercer un droit.

Voilà, Chopinard, exactement ce qu'il faut penser de l'organisation des *Cercles catholiques*, qui diffèrent essentiellement, comme tu le vois, de vos cercles, ou plutôt de vos clubs.

Chez vous, pourvu qu'il y ait de l'argent pour payer d'affreux voyous, plus ou moins littéraires comme Martob, des agents de propagande comme toi et des orgies à toute la bande affamée du *Crapaud-Rouge*, tout est pour le mieux, et personne ne s'inquiète d'où vient cet argent. Tu peux être certain que, le plus souvent, il a une origine peu avouable. Tantôt il est mis à la disposition du parti par des hommes animés des plus mauvaises passions et qui ne se servent de vous que comme d'un marche-pied pour monter où ils veulent ; puis, le lendemain du jour où ils seront arrivés, ils vous laisseront mourir de faim dans la boue, s'ils ne vous font pas fusiller ou déporter pour se débarrasser de vous, et surtout, pour ne pas tenir les promesses qu'ils vous ont faites. Tantôt cet argent est fourni par des imbéciles qui veulent faire parler d'eux ; d'autres fois, c'est le prix dont le parti paye toutes les turpitudes et les infamies que vous accomplissez ; en un mot, c'est, comme te l'a dit Félix, l'aumône du vice et du crime.

Chopinard. — Si on nous donne de l'argent, à nous, nous rendons au moins des services.

Mathieu. — N'abuse donc pas ainsi des mots, Chopinard, à la manière de Martob. Ce que tu appelles rendre des services, c'est commettre des attentats contre la Société et l'humanité toute entière.

Chopinard. — Te voilà encore avec tes grands mots ; vous êtes forts là-dessus, vous autres de l'ordre moral. Appelle cela comme tu voudras, mais toujours est-il que nous faisons quelque chose pour l'argent qu'on nous donne, tandis que vous, que faites-vous dans votre Cercle ? Vous conspirez contre le Gouvernement, vous faites de vos jeunes ouvriers des ennemis de la République, des hommes d'église, des sacristains, des propres-à-rien. Voilà de fameux citoyens, n'est-ce pas ?

Je comprendrais encore un Cercle composé de bons zigs qui voudraient s'amuser entre eux et à leur manière, mais pourquoi des prêtres dans cette société ? pourquoi un tas de cléricaux qui vont à la messe tous les dimanches ?

Si, comme Martob, tu avais lu et médité Voltaire, tu serais bien effrayé, mon pauvre Mathieu, des malheurs que ce grand philosophe prédit à une nation qui donne dans de pareilles idées, d'une société qui se laisse mener par des prêtres et des jésuites.

Mathieu. — La nation qui respecte le prêtre

et suit ses conseils est beaucoup plus heureuse que celle qui suit les doctrines du *Crapaud-Rouge*. As-tu jamais entendu les prêtres conseiller la violation de la loi, la violence, le vol et l'assassinat ? Au contraire, ils enseignent la soumission au principe d'autorité, la modération, le respect de la loi et de la vie des citoyens. Eh bien, à ce point de vue, purement humain, purement social, en dehors de toute idée religieuse, le prêtre n'est-il pas l'homme le plus utile et qui rend les plus précieux services dans une société ? Ces services, il les rend aussi à tout gouvernement honnête, en faisant respecter son autorité ; que ce soit une royauté, un empire ou une République, peu importe ! il les rend encore à la famille qu'il console dans ses afflictions, qu'il encourage au bien et dont il est toujours l'ami le plus sûr et le plus dévoué. On peut donc dire de lui qu'il est le consolateur, le guide et le soutien dans la famille, dans la société et dans l'Etat. Et c'est cet homme, le PRÊTRE, que vous voulez chasser du sein de la société française ! Alors vous n'êtes pas républicains, vous n'êtes pas hommes de Gouvernement ; quelle que soit sa forme, vous n'en voulez aucun, ce qu'il vous faut, ce que vous désirez : c'est l'anarchie !

Vous faites la guerre aux prêtres, c'est logique, puisque vous la faites à Dieu et que vous ne reconnaissez aucun principe de Gouvernement. Votre persécution a encore une autre raison :

c'est que les prêtres ne pensent pas comme vous ; eh bien, vous, les partisans de la libre-pensée, pourquoi ne laissez-vous pas à vos concitoyens, la liberté de penser ce qu'ils veulent ? Décidément, vous êtes coupables d'une intolérance excessive et d'une profonde injustice à l'égard des prêtres et je constate que, si vous aimez passionnément la liberté, c'est pour vous ; quant à celle des autres, vous vous empressez de la confisquer à votre profit, dès quelle vous gêne. C'est ainsi, du reste, qu'ont toujours fait les démagogues de tous les temps, c'est ainsi qu'ils ont toujours compris cette sublime devise : *Liberté, Egalité, Fraternité*. Je vous le dis : vous n'êtes, au *Crapaud-Rouge*, que de vulgaires despotes, tous indignes du nom de républicains dont vous vous parez hypocritement.

Nous avons donc des prêtres dans notre Cercle, tu dois le comprendre maintenant, et tous nos membres vont à la messe, tu dois également le comprendre. Au reste, ce ne serait pas par devoir, il suffit que cela nous convienne ainsi, et personne n'a le droit de nous empêcher de nous donner cette satisfaction.

Vous, au *Crapaud-Rouge*, vous avez, à vos côtés, des anciens repris de justice, des abonnés de la police correctionnelle, des journalistes athées. Aucun des vôtres ne met jamais le pied à l'église ; cela vous plaît ainsi, vous êtes libres comme nous. Assurément, vous ne faites pas, des jeunes gens qui fréquentent vos réunions, des chantres, des sacristains, des propres-à-rien ; vous en faites des hurleurs de la *Marseillaise*, des serviteurs des plus mauvaises passions, des hommes propres à semer partout le désordre et les idées les plus subversives. Voilà où mène la lecture des journaux tels que le *Redresseur*, et les déclamations du genre de celles de Martob.

Pendant que vous vous livrez, au *Crapaud-Rouge*, à cet infâme enseignement anti-religieux et anti-social, qui consiste à former une génération abjecte, dépourvue de tout sentiment d'honneur et de dignité et profondément hostile à la religion, nous, dans notre *Cercle catholique*, nous donnons un autre enseignement qui consiste à former des hommes à l'âme honnête et virile, fermement dévoués à Dieu et à la patrie. Vous aimez l'irréligion, l'impiété, la fange; nous aimons la religion, la piété et l'honneur ; vous avez un culte pour la philosophie voltairienne, nous la détestons. Chacun de nous a ses préférences, ses aspirations.

Chopinard. — Ne méprisez pas Voltaire, c'était un génie qui comprenait l'humanité beaucoup mieux que vous.

Mathieu. — Eh bien, Voltaire, au moins, n'était pas athée comme vous. Ecoutez ce qu'il disait pour réfuter un philosophe de l'antiquité qui ne croyait pas en Dieu :

« Je ne vous dis pas de croire des choses

extravagantes pour vous tirer d'embarras..... Je vous dis : continuez à cultiver la vertu, à être bienfaisants, à regarder toute superstition avec horreur ou pitié ; mais adorez avec moi le dessein qui se manifeste dans toute la nature, et, par conséquent, l'auteur de ce dessein, la cause primordiale et finale de tout.

« Vous craignez qu'en adorant Dieu, on ne redevienne bientôt superstitieux et fanatique. Mais n'est-il pas à craindre qu'en le niant, on ne s'abandonne aux passions les plus atroces et aux crimes les plus affreux ? Entre ces deux excès, n'y a-t-il pas un milieu très-raisonnable ? Où est l'asile entre ces deux écueils ? Le voici : Dieu et des lois sages.

» Je répondrai encore un mot à vos paroles : Si l'on présume, dites-vous, des rapports entre l'homme et cet être incroyable, il faudra lui élever des autels, lui faire des présents, etc. Si l'on ne conçoit rien à cet être, il faudra s'en rapporter à des prêtres qui... etc., etc.

« Le grand mal de s'assembler au temps des moissons pour remercier Dieu du pain qu'il nous a donné !... Où est le mal de charger un citoyen, qu'on appellera *vieillard* ou *prêtre,* de rendre des actions de grâces à la Divinité au nom des autres citoyens » (1).

---

(1). Dictionnaire philosophique.

Nous autres, catholiques, nous faisons ce qu'a dit Voltaire, votre maître. Nous avons des prêtres et nous les chargeons de rendre des actions de grâces à Dieu. Ce que nous faisons de plus, c'est que nous regardons cet hommage comme un devoir rigoureux, c'est que nous nous associons, nous-mêmes, à ces actions de grâces, chaque jour, et non pas seulement au temps de la moisson. Il n'y a rien là que de très-naturel et de très-logique de rendre nos hommages à Dieu, du moment que nous savons qu'il existe et qu'il nous comble de bienfaits. Ce n'est là que l'expression très-ordinaire de la reconnaissance. Toi-même, Chopinard, est-ce que tu n'as pas de la reconnaissance pour quelqu'un qui te rend un service ? est-ce que tu ne cherches pas à lui être agréable ? Assurément oui, n'est-ce pas ? Nous ne faisons, nous autres, envers Dieu, que ce que tu fais envers ceux qui t'obligent, et nos prêtres nous aident et nous encouragent, dans l'accomplissement de ce devoir; c'est tout simple.

Il n'y a pas besoin d'être un clérical, un cagot, pour s'acquitter de ce devoir que le bon sens et l'honnêteté nous indiquent.

La conclusion, c'est que nous sommes plus honnêtes que Voltaire, parce que nous reconnaissons pleinement notre dette envers Dieu, et que nous nous en acquittons de notre mieux, avec la conviction que nous ne faisons jamais assez. Quant à vous, les habitués du *Cra-*

paud-Rouge, vous n'êtes que de vulgaires ingrats, plus ingrats encore que Voltaire.

CHOPINARD. — Tu exagères, tu exagères, Mathieu, et tu raisonnes faux. Tu veux que nous ayons de la reconnaissance pour Dieu, comme pour un homme qui nous a obligés. Mais Dieu, que tu dis si grand, si élevé, si majestueux, ne peut être traité comme un simple mortel : il n'a pas besoin de nos hommages, de nos actions de grâces, il est bien au-dessus de tout cela. Si tu as confiance en Dieu, laisse-le tranquille et ne l'ennuie pas avec toutes tes grimaces.

MATHIEU. — Pauvre Chopinard, j'aime mieux croire à la folie ou à la stupidité de ta part, que de croire qu'il existe, dans ton âme, des sentiments si ignobles et si pervers. Non, Dieu n'a pas besoin de nos hommages, mais nous, nous avons besoin de les lui rendre.

Ce n'est pas tout : à l'ingratitude, vous ajoutez la persécution. Vous entreprenez une guerre acharnée contre Dieu qui vous a donné l'être et qui, chaque jour, vous donne la nourriture.

Décidément, vous êtes des monstres ! Et, pour combattre ce Dieu de bonté plus victorieusement, selon vous, vous avez pris le parti de le nier, vous vous dites athées, c'est plus commode ; mais vous mentez ainsi à votre conscience. Je t'en prends à témoin, Chopinard, sois sincère avec un ancien ami. Martob écrit, tous les jours, que Dieu n'existe pas, que c'est une ridicule invention des prêtres, etc ; et toi, tu répètes cela à qui veut l'entendre ; eh bien, j'ai la conviction que, toi et tes compagnons du *Crapaud-Rouge*, vous ne pensez pas un mot de ce que vous dites, et tous, Martob en tête, quand vous vous donnez la peine de réfléchir, vous croyez à l'existence de Dieu. N'est-ce pas, Chopinard, que je dis vrai ? La brave Marthe, ta mère, t'a enseigné qu'il y a un Dieu ; ton âme heureuse s'est ouverte complètement à cette croyance ; mais à un moment donné, entraîné par de faux amis, séduit par des promesses perverses, cette croyance s'est affaiblie, tu as négligé de rendre hommage au Dieu de ta mère, tu as voulu l'oublier ; malgré tous tes efforts, tu n'y peux parvenir. L'idée de ce Dieu, malgré toi, s'impose à ta raison, te poursuit, t'obsède même, jusqu'au milieu des orgies du *Crapaud-Rouge* ; tu ne peux étouffer la croyance de ton enfance, tu souffres, tu es torturé ; c'est là ton premier châtiment. Telle est ta lamentable histoire, mon pauvre Chopinard, et celle de la plupart de tes malheureux compagnons.

CHOPINARD. — Ah vraiment, c'était une digne et sainte femme, que la mère Marthe ! j'ai toujours rendu justice à ses excellentes intentions.

MATHIEU. — Cela ne suffit pas, il aurait fallu te rappeler ses conseils et les mettre en pratique ; il aurait fallu t'arrêter sur la pente et ne pas te laisser tomber au fond de l'abîme.

CHOPINARD. — On m'y a précipité.

J'avais, comme tu le sais, recueilli quelqu'argent de l'héritage de mes parents. Grâce au peu d'instruction qu'ils m'avaient fait donner, j'ai pu obtenir un emploi lucratif dans une bonne administration. J'ai commencé par être assidu au travail ; par suite, j'ai été bien noté et mes appointements ont augmenté. Avec de l'ordre, de l'économie, j'ai pu mettre de côté, en peu de temps, une assez jolie somme. Alors j'ai commencé à me donner un peu de bon temps : je me suis laissé aller à faire des connaissances, j'ai pris goût au jeu ; j'ai gagné d'abord beaucoup d'argent. Mon goût est devenu une passion, j'ai joué gros jeu, très-gros jeu ; enfin, j'ai été volé par des grecs. J'ai perdu tout, plus que tout, car j'ai contracté des dettes. Maintenant j'attends une position pour me remettre à flot. J'ai connu Martob là-bas, il jouait aussi, mais il a été heureux. Je l'ai rejoint ici ; il me promet de me faire arriver à quelque chose. Aujourd'hui, j'ai 50 ans sonnés et pas le sou !

Maintenant, mes vieux camarades, vous comprenez la situation....., et morbleu ! malgré toutes mes tribulations, oui grâce à la mère Marthe, il y a encore là quelque chose de bon, et je ne vaux pas moins qu'autrefois. Mais voici ce qui nous donne un mauvais vernis : c'est qu'au *Crapaud-Rouge,* nous nous étourdissons en mangeant du prêtre et en débinant la religion de tous côtés, c'est notre consigne ; puis nous colportons les écrits de Martob et de ses amis, nous les vendons dans les rues, dans les villages, dans les campagnes, partout. Enfin, dans nos tournées, nous recueillons des nouvelles scandaleuses, tapageuses pour nos journalistes, nous leur en fabriquons, au besoin; nous sommes leurs auxiliaires pas tout à fait par conviction, peut-être, mais, en définitive, il faut bien vivre et, après tout, c'est un métier comme un autre. Je vous ai tout dit, ne me parlez plus jamais du *Crapaud-Rouge*.

ANDRÉ. — Sans doute, il faut vivre, mais honnêtement, comme la brave mère Marthe te l'a appris.

CHOPINARD (essuyant une larme et tâchant de reprendre contenance). — Allons, ça suffit, encore une fois, ne mêlons point la mère Marthe à tout cela. Laisse-moi, André, reprendre ma conversation avec Mathieu, ce qu'il m'a dit des *Cercles catholiques* me fait désirer en savoir un peu plus long. Je ne les connaissais que par la conversation et les écrits de Martob; mais cette institution ne me paraît pas aussi dangereuse pour la société qu'il le prétend; après ça, je ne connais peut-être pas tout.

FÉLIX. — Ainsi, Martob enseigne aux lecteurs de son journal que le *Cercle catholique* est une institution dangereuse pour la société. Je proteste, au nom de notre Cercle, et je ne peux permettre qu'on écrive de pareilles énormités. C'est une calomnie, une diffamation publiée avec une intention coupable, Martob tombe, dès lors, sous le coup de la loi ; il faut, une fois pour toutes, en réclamer l'application. Tu as beau dire, Mathieu, qu'il faut mépriser tout cela et ne pas y répondre, je ne partage pas ton opinion. Toutes ces insinua·tions envenimées contre nos actes, cette propagande active contre la religion font beaucoup de mal, dans un certain milieu, et augmentent considérablement les difficultés de notre tâche.

En définitive, l'ennemi qui nous poursuit sans relâche, cette presse impie, ne porte-t-elle pas les plus rudes coups à la religion et à la société ? Si nous ne combattons pas cet ennemi, à cause de nous, combattons-le comme défenseurs de la religion et de la société insultées, outragées.

C'est, selon moi, une erreur complète que de se retrancher dans sa dignité personnelle, et de dire : je préfère écraser un pareil ennemi de mon mépris et de mes dédains, que de mes coups ; c'est laisser volontairement tous les avantages à nos adversaires, c'est jouer un véritable jeu de dupes.

Quand deux adversaires honnêtes sont en présence, si l'un ne se défend pas, il est de règle que l'agresseur doit cesser de frapper ; ici c'est le contraire : moins nous nous défendons, plus nos ennemis frappent ; c'est lâche de leur part, mais ils s'en moquent, la victoire leur sera plus facile. Notre devoir, à nous, est d'empêcher cette victoire, à tout prix. Laissons donc de côté nos grands airs de mépris et descendons dans l'arène, sans quoi nous sommes exposés à une défaite complète.

ANDRÉ. — La haine, bien légitime, de notre ami Félix contre la presse impie, l'emporte peut-être un peu loin, mais, au fond, il pourrait avoir raison.

MATHIEU. — C'est un point important que nous soumettrons prochainement, si vous le voulez, au comité d'administration de notre Cercle, pour le moment, laissez-moi rentrer dans la question et répondre à Chopinard.

IV

Utilité du *Cercle catholique* — Le Progrès ! — Les Cantiques et la Marseillaise. — Différence entre les ouvriers qui fréquentent le *Cercle catholique* et ceux qui fréquentent le *Crapaud-Rouge*. — Gervais

CHOPINARD. — Oui, laisse-nous tranquilles, Félix, avec tes réquisitoires ; ça devient parfois embêtant.

D'après ce que tu me dis, Mathieu, le *Cercle catholique* serait fondé dans le but de maintenir la jeunesse ouvrière dans la voie de l'honnêteté et du devoir et, pour arriver à ce résultat, vous offrez à cette jeunesse des distractions honnêtes, comme vous dites, et un enseignement moral, comme vous dites encore, sous la forme de lectures, de conférences et de causeries.

Mathieu. — C'est parfaitement exact.

Chopinard. — Pour être admis dans ton Cercle, il ne faut pas être républicain, sans doute, mais plutôt rêver le retour de Henri V ?

Mathieu. — Nous ne demandons à personne compte de ses opinions, ne nous occupant jamais de politique.

Chopinard. — Allons, allons, pas de bêtises ! tu sais, ce n'est pas à moi qu'on en fait accroire de cette force là, d'ailleurs tu n'as rien à craindre, ce n'est pas toi que je trahirais jamais. Martob prétend que vous travaillez tous à ramener Henri V, et il a raison.

Mathieu. — Encore une fois, tu peux m'en croire sur parole : il n'en est rien, absolument rien. Nous admettons toutes les opinions, parce que nous pensons que toutes comptent d'honnêtes citoyens, aimant Dieu et la France, mais nous interdisons sévèrement toute conversation politique. Martob dit et écrit le contraire, il faut qu'il parle et qu'il écrive ainsi ; il a une consigne aussi, lui, il l'exécute avec plaisir ou il la subit comme toi. Que pense-t-il, cet homme, au fond ? probablement tu ne le sais pas. S'il possède quelque raison, il ne peut croire ce qu'il dit ; il fait partie alors de cette vile tourbe d'écrivains, sans principes, soit politiques, soit religieux, qui vendent leur plume au premier venu ou au plus offrant.

Chopinard. — Tu m'as dit aussi qu'au *Cercle*

catholique on peut fumer, jouer, boire du café et des rafraîchissements ; enfin, on s'y amuse, on y chante, on y fait de la musique. Encore une fois, cela ressemble bien à un cabaret. Si vous laissiez ces jeunes gens dans leurs familles, ne seraient-ils pas mieux ? Franchement, je ne vois pas bien l'utilité de votre Cercle.

Mathieu. — D'abord nous ne forçons la volonté de personne et nous imposons même certaines conditions pour être admis ; c'est donc, en toute liberté, qu'on se décide.

Quant à l'utilité de notre Cercle, deux mots achèveront de te la faire comprendre :

Il y a des ouvriers qui n'ont pas de famille, ils pourraient, s'ils n'avaient pas le *Cercle catholique* à leur disposition, se laisser aller à fréquenter des établissements comme le *Crapaud-Rouge*. Quant à ceux qui ont de la famille, il est bon que, parfois, il s'en séparent pour quelques instants ; car, de même que le changement d'air est utile au corps, de même le changement de milieu est utile à l'esprit, pourvu toutefois que le milieu d'emprunt soit sain. Dans ce cas, l'ouvrier n'en rapportera que de bons principes à son foyer. Puis, quand un jeune homme a travaillé toute une semaine, il lui est bien permis de prendre quelque distraction ; il est avantageux même qu'il puisse ainsi rencontrer, de temps en temps, ses camarades, en dehors de l'atelier, pour échanger quelques pensées et se récréer avec eux.

Enfin, il faut le reconnaître, il y a certaines familles ouvrières où le bon exemple n'est pas toujours donné : ici ce sont des scènes d'intérieur, qui ont pour cause les habitudes d'ivrognerie du père ; ailleurs, c'est l'inconduite de la mère. Voilà des spectacles hideux qui navrent le cœur des jeunes gens honnêtes. Nous nous empressons de leur offrir un lieu de réunion où ils ne sont plus témoins des misères du foyer domestique, et où ils trouvent des exemples salutaires et des consolations qui fortifient leurs bons sentiments.

En ce qui concerne les consommations et le jeu, rassure-toi, nous ne formons ni des ivrognes, ni des joueurs. La sobriété et la tempérance sont parfaitement observées, et jamais on ne joue d'argent.

Si par quelques côtés le Cercle et le cabaret se ressemblent, je n'y vois aucun inconvénient ; mais il y a toujours cette différence : c'est, qu'au *Cercle catholique*, on n'entend aucune parole inconvenante contre la religion et la morale et que tout est mis en œuvre pour fournir, à ceux qui le fréquentent, un enseignement et des exemples qui puissent en faire des hommes, dans la meilleure acception du mot.

Qu'as-tu encore à reprocher au *Cercle catholique?* je le sais : c'est sa propre existence, parce qu'on y enseigne le respect de Dieu, de la religion et de la famille, et que vous n'aimez pas ces principes. Ils vous gênent et vous voudriez vous en débarrasser pour vivre selon vos instincts grossiers, c'est-à-dire à l'état de bêtes. Si c'est là votre goût et le but de vos aspirations, vivez ainsi mais ne nous empêchez pas, nous autres, de vivre autrement ; c'est un droit que nous revendiquons, au nom de la liberté. Ayez donc votre *Crapaud Rouge*, si vous y tenez, mais nous aurons notre *Cercle catholique*.

CHOPINARD. — Je ne dis pas qu'il n'y ait quelque chose de bon, dans votre institution, mais malheureusement vous conservez et vous vous efforcez de propager un tas de vieilles idées qui ont fait leur temps et ne sont plus celles du jour. Encore une fois, le progrès s'est fait et vous n'en tenez aucun compte. Vous voulez que la France soit aujourd'hui ce qu'elle était du temps de nos grand'mères ; nous autres, nous voulons marcher avec notre siècle.

MATHIEU. — Oui, je le comprends, vous n'admettez pas les principes sur lesquels repose une bonne société, et, ainsi que je te le disais tout à l'heure, comme ils vous gênent, vous cherchez à vous en débarrasser et, pour cela, vous trouvez tout simple de dire qu'ils ont fait leur temps ; puis, pour être conséquents avec vous-mêmes, vous vous efforcez d'arracher du cœur de la jeunesse française, la notion de ces principes. Et vous appelez cela avec un orgueil stupide : le progrès ! moi j'appelle cela : un monstrueux attentat contre la société, une décadence qui mène fatalement à l'abîme !

Tiens, Chopinard, je suis convaincu, qu'au fond, tu es de mon avis. Tu n'as pu oublier si complètement les leçons de la mère Marthe et tes instincts ne peuvent être dépravés et pervertis à ce point de nier, au fond de la conscience, les grandes vérités que tu combats avec tant d'insolence et de cynisme.

CHOPINARD. — Tu as beau dire, Mathieu, nous ne sommes plus au temps où on nous endormait au chant d'un cantique ; aujourd'hui il nous faut le chant de la *Marseillaise*.

MATHIEU. — C'est vrai, les temps sont changés : comme tu le dis, le cantique est remplacé par la *Marseillaise* et le flot ne s'arrête pas, il monte toujours avec violence, semant partout le trouble et la dévastation ; c'est là votre œuvre infernale à vous, c'est votre progrès !

CHOPINARD. — Laissons tout ça de côté, il nous faudrait, je le vois, trop de temps pour nous entendre, et peut-être n'y parviendrions-nous pas. Pour le moment, c'est ton cabaret catholique qui attire mon attention. Ce qu'il y a peut-être de bon dans cette œuvre, malheureusement cléricale, c'est que vous essayez de fourrer dans la tête de l'ouvrier, des principes qui me vont parfaitement, ainsi : travailler sans flâner et ne pas voler le patron, c'est fameux ça!.. pour le patron ; mais, pour l'ouvrier, c'est autre chose. Les camarades trouveraient ça trop idiot, de travailler toute une journée sans battre une flemme, en étouffant un litre de temps en temps. Puis, vous les faites aller à la messe, ces pauvres jeunes gens! après tout, c'est leur affaire. Enfin, vous leur ouvrez votre boutique cléricale, pour qu'ils y passent leur temps, au lieu d'aller traîner leur quilles ailleurs, c'est le comble! c'est vraiment rupins-koff! Je reconnais que ceux qui fréquentent le *Crapaud-Rouge* ne s'accomoderaient pas de ces habitudes, et j'avoue que si j'étais patron, je n'en voudrais pas comme ouvriers, car ils feraient la noce au lieu de travailler, mais, au fond, ils sont bons zigs tout de même, ils ont de l'atout et de la malice.

A t-on besoin de faire du tapage dans certaines circonstances? de faire chanter la *Marseillaise* ou applaudir le discours d'un ami? A-t-on besoin de casser quelques vitres ou de faire appliquer un renfoncement solide sur l'occiput de quelque cagot? Veut-on faire donner un coup de torchon bien senti à un henriquinquiste, ou à quelque personnage de l'ordre moral? Ils sont là tous, pleins d'ardeur et d'entrain, à minuit comme à midi. Mais, par exemple, pour tout autre travail, bernique! Ce n'est pas dans leurs aptitudes, surtout le travail régulier, continu, sans inci-dents, ça ne leur va pas du tout ; c'est trop uni-forme, trop monotone. Un pareil travail est bon pour tes bonshommes, c'est-à-dire pour la bril-lante et vertueuse jeunesse de ton caboulo catho-lico-clérical.

Félix. — Vous avez entendu?... Je conclus à ce qu'il plaise, enfin, à tous les hommes de bien de se lever en masse et de faire jeter au bagne tous les folliculaires, tels que Martob : et, pour ajouter à l'horreur de leur situation, je demande qu'on enferme avec eux le *Redresseur* et toutes les ordures dont ils salissent la France depuis quelque temps.

Chopinard. — As-tu bientôt fini, Félix, tes manières de procureur de la République ? Vous autres, les bondieusards, vous ne parlez que de bagne quand il s'agit de nous. Tâchez donc d'y fourrer Martob ; vous verrez si celui-là se laissera pincer. Pas si bête ! Il déménage à temps, ça lui est déjà arrivé plus d'une fois.

Félix. — Oui, c'est le genre de bravoure de ces hommes-là, comme tu le dis ; ils filent à temps.

Mathieu. — Je tiens, Chopinard, à t'adresser mes félicitations pour l'exactitude parfaite avec laquelle tu viens de tracer, toi-même, la différence profonde qui existe entre les ouvriers qui font partie du *Cercle catholique* et ceux qui fréquentent le *Crapaud-Rouge*.

La conclusion qui se dégage de tes propres aveux, c'est que nos ouvriers valent beaucoup mieux que les vôtres, au point de vue moral. Je dis qu'ils valent mieux également au point de vue du savoir. En effet, il est tout naturel que l'ouvrier qui aime son métier et travaille assidûment, comme les nôtres, surpasse en talent et en savoir-faire ceux qui n'aiment pas le travail et ne s'y adonnent que très-irrégulièrement, seulement pour obtenir le morceau de pain qui les empêche de mourir de faim.

Tu dois comprendre maintenant, Chopinard, que la différence est grande, immense, entre les habitués du *Cercle catholique* et ceux du *Crapaud-Rouge*.

CHOPINARD. — Pas si grande que tu veux bien le dire, Mathieu ; cette différence, vois-tu, existe plutôt dans la forme que dans le fond. Je te dis qu'il y a du bon dans le naturel des camarades du *Crapaud-Rouge*.

MATHIEU. — On ne s'en douterait vraiment pas. Laisse-moi me résumer en deux mots, et donne-toi la peine de m'écouter sans parti-pris, sans idée préconçue, tu seras de mon avis.

Au *Cercle catholique*, tu vois des hommes honnêtes, laborieux, remplissant leurs devoirs de religion et de famille ; ils aiment l'ordre, la tranquillité ; ils respectent la loi ; ils donnent consciencieusement leur temps au patron qui les emploie et, au besoin, prennent en main ses intérêts, comme s'il s'agissait de leurs affaires personnelles.

Au *Crapaud-Rouge*, ce sont des hommes paresseux, amis de l'orgie et qui ne sont bons, tu l'as dit toi-même, Chopinard, que pour faire des coups de main ; ils n'ont aucune croyance, ne respectent rien, pas même le Gouvernement de la

République , ils ne connaissent aucun devoir religieux, pas plus que ceux de la famille ; ils sèment partout le désordre et sont les plus grands ennemis de leurs patrons dont ils volent l'argent, au lieu de le gagner. Tu peux conclure toi-même.

J'avais donc parfaitement raison de dire que la différence est immense entre les habitués du *Cercle catholique* et ceux du *Crapaud-Rouge*, et, tu ne peux soutenir sérieusement que cette différence n'existe que dans la forme.

Et toi, mon pauvre Chopinard, c'est avec les hommes du *Crapaud-Rouge* que tu passes ta vie ! Si tu tenais encore un peu à l'estime et à la considération des honnêtes gens, si tu respectais la mémoire de la sainte femme qui fut ta mère, si tu avais encore un peu le soin de ta dignité personnelle, tu te souviendrais que tu as des amis, de vrais amis ceux-là, qui te tendent les bras, et alors, en homme de cœur, qui sait s'élever au-dessus du respect humain et prendre une résolution virile, tu fuirais immédiatement, et pour toujours, le *Crapaud-Rouge,* où malgré tout, tu es mal à l'aise, et tu reprendrais tes anciennes relations. En même temps, tu reprendrais fièrement le nom estimé et honoré de GERVAIS, sous lequel nous t'avons tous aimé, nom qu'on ne te donne plus pour ne pas le souiller.

Dans cette glorieuse évolution que nous te sollicitons d'accomplir, tu retrouveras, avec la tranquillité d'esprit, l'espérance et le salut, tu retrouveras, mon cher Gervais, sinon la fortune, du moins une honnête aisance, et le temps ayant amené l'oubli, ta vieillesse sera honorée.

Avec les compagnons du *Crapaud-Rouge*, après des ennuis, des inquiétudes et des tortures morales sans nombre, tu ne pourras compter, à la fin de tes jours, que sur un grabat d'hôpital ou sur la paille d'un cachot.

— Assez! assez ! interrompit Chopinard d'une voix émue.................................

Peu de temps après, Gervais faisait partie du *Cercle catholique*, et obtenait un bon emploi, dans une honorable et importante maison de commerce.

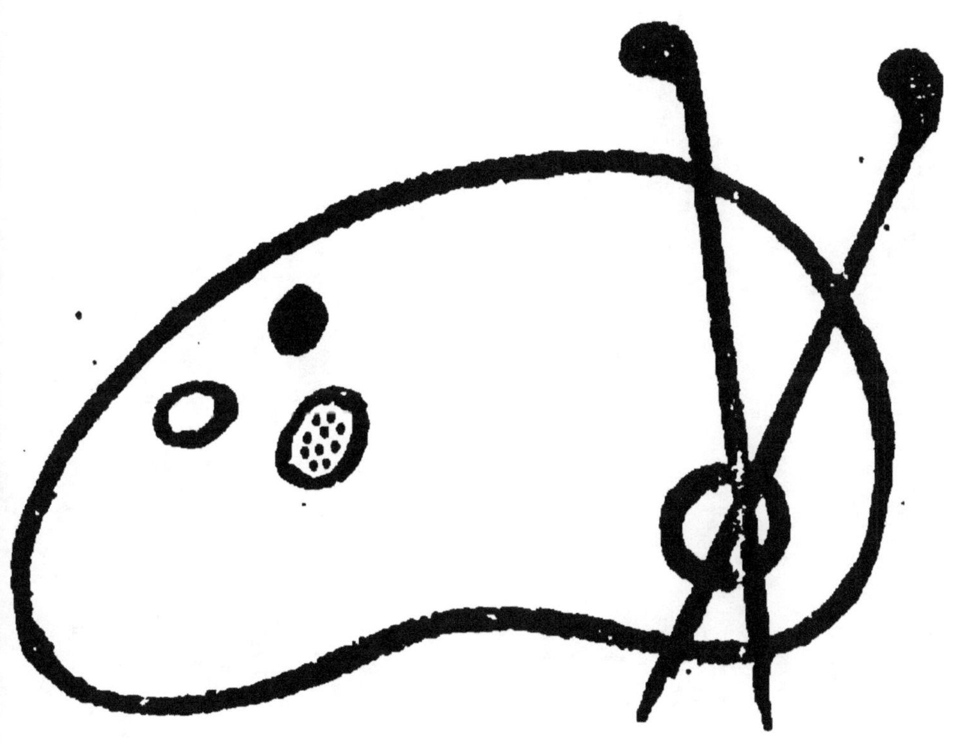

Original en couleur

NF Z 43-120-8

www.ingramcontent.com/pod-product-compliance
Lightning Source LLC
Chambersburg PA
CBHW051630060726
47597CB00004B/1508